Einheitliche Richtlinien und Gebräuche für Dokumentenakkreditive

Diese vom 7. Kongreß der Internationalen Handelskammer (29. Mai - 3. Juni 1933) angenommenen „Richtlinien und Gebräuche für Dokumentenakkreditive" haben alleinige Geltung. Alle früheren Texte sind ungültig.

Sie sind auch in englischer, französischer, italienischer und spanischer Sprache erhältlich.

Neudruck Mai 1948
herausgegeben unter Mitarbeit von
Dr. Erich Trost, Berlin

WALTER DE GRUYTER & CO., BERLIN W 35
vorm. G. J. Göschen'sche Verlagshandlung, J. Guttentag, Verlagsbuchhandlung, Georg Reimer, Karl J. Trübner, Veit & Comp.

INHALTSVERZEICHNIS

Neudruck
Mai 1948

I.

LISTE DER MITGLIEDER DES BANKENAUSSCHUSSES FÜR DOKUMENTENAKKREDITIVE (1931—1933)

die an der Ausarbeitung dieser Richtlinien teilgenommen haben.

Vorsitzender:	Paul VAN ZEELAND, Bruxelles.
Berichterstatter:	Jean GURTLER, The National City Bank of New York (France), Paris.
Sekretär:	Virgilio DEL RIO, Leiter der Finanzabteilung der Internationalen Handelskammer, Paris, unterstützt von Reginald P. VAN BIENE.
Mitglieder[1]**:** Amerika (Ver. St. von).	Wilbert WARD, The National City Bank of New York, New York.
Belgien.	Paul RAMLOT, Banque Belge pour l'Etranger, Bruxelles.
Dänemark.	Valdemar EIGTVED, Privatbanken i Kjobenhavn A/S, Copenhagen.
Deutschland.	Oswald RÖSLER, Deutsche Bank und Disconto-Gesellschaft, Berlin. *Stellvertreter:* Paul PHILIPP, Deutsche Bank und Disconto-Gesellschaft, Berlin.
Frankreich.	S. FROIDEVAL, Comptoir National d'Escompte de Paris, Paris.
Indien.	S. N. POCHKHANAWALA, The Central Bank of India, Ltd., Bombay.

[1]) Ein britischer Sachverständiger hat ebenfalls an den Arbeiten des Ausschusses teilgenommen.

Italien.	Gr. Uff. Dott. Giovanni MORANDI, Credito Italiano, Paris.
Japan.	Keizo HIRANO, The Yokohama Specie Bank Ltd., Paris.
Jugoslawien.	Milivoje SICAREVIC, Jadransko Podunavska Banka, Belgrad. *Stellvertreter:* Rudolf PILC, Directeur de la Banque Franco-Serbe, Belgrad.
Luxemburg.	Max LAMBERT, Société Luxembourgeoise de Reports et de Dépôts, Luxembourg.
Niederlande.	Dr. H. A. VAN NIEROP, Amsterdamsche Bank, N. V., Amsterdam.
Norwegen.	Rolf THORSTEINSEN, Den Norske Bankforening, Oslo.
Rumänien.	Prof. Victor SLÁVESCO, Societatea Nationala de Credit Industrial, Bukarest.
Schweden.	Erik LAMM, A/B Svenska Handelsbanken, Stockholm.
Schweiz.	Dr. Max VISCHER, Schweizerische Bankiersvereinigung, Basel.
Ungarn.	Dr. Charles DE KRESZ, Association des Banques et Caisses d'Epargne de Hongrie, Conseiller Général de la Trésorerie Royale de Hongrie, Budapest.
Vertreter des Allgemeinen Ausschusses für Transport und Verkehr der International. Handelskammer.	Gr. Uff. Dott. Bruno DOLCETTA, Bankier, Milano. Mauno NORDBERG, Consul Général de Finlande en France, Paris.

II.

BERICHT ÜBER DIE EINHEITLICHEN RICHTLINIEN UND GEBRÄUCHE FÜR DOKUMENTENAKKREDITIVE

von Jean GURTLER, *Berichterstatter des Ausschusses.*

Geschichtliche Darstellung.

In seiner XX. Sitzung vom 5. März 1926 wurde dem Verwaltungsrat der Internationalen Handelskammer ein von der Amerikanischen Landesgruppe übermittelter Bericht vorgelegt, welcher sich auf die Zweckmäßigkeit einer Vereinheitlichung der von den Bankenverbänden der verschiedenen Länder ausgearbeiteten Richtlinien für Dokumentenakkreditive bezieht.

In diesem Bericht wurde von der Amerikanischen Landesgruppe die Ansicht ausgesprochen, daß eine Übereinkunft in dieser Hinsicht berufen sei, den internationalen Bank- und Handelskreisen ungeheuere Dienste zu erweisen; sie würde vorteilhaft dazu beitragen, die zahlreichen Schwierigkeiten, die die Vielfältigkeit und Nichtübereinstimmung der Richtlinien in den internationalen Transaktionen hervorrufen, auszugleichen, indem sie eine einheitliche Auslegung der geläufigen Ausdrücke und Sätze erzielen würde, so daß eine vollkommene Übereinstimmung zwischen den Akkreditiveröffnern und denjenigen, die kraft der Vollmachten, die ihnen das Akkreditiv erteilt, handeln, zustande kommt.

Ein Antrag auf Prüfung dieser Frage durch die Internationale Handelskammer wurde den Landesgruppen, die deren große Bedeutung erkannten, vorgelegt. Dementsprechend hat auch der Verwaltungsrat der Internationalen Handelskammer in seiner Sitzung vom 20. Oktober 1926 beschlossen, mit der Prüfung dieser Frage den *Ausschuß für Scheck- und Wechselrecht* zu beauftragen, welcher zur Ausarbeitung eines Projekts mit Dokumentenakkreditivfragen und Gebräuchen der verschiedenen Länder besonders damit vertraute Sachverständige zugezogen hat. Anfang 1927 wurde den Landesgruppen ein Vorentwurf vorgelegt, worauf diese ihre betreffenden nationalen Bankenverbände befragten. Die beim Generalsekretariat eingelaufenen, sehr detaillierten Antworten bezeugten das große, durch diese Frage ausgelöste Interesse.

Der Stockholmer Kongreß (Juni 1927) hat nach Kenntnisnahme des aus den Vorarbeiten hervorgegangenen *Vorentwurfs* beschlossen, das Mandat des Ausschusses zu verlängern. Zur selben Zeit hat er durch Vermittlung der Landesgruppen einen Aufruf an die Bankenverbände gerichtet, in welchem der Kongreß um ihre Mitarbeit ersuchte. Um den Standpunkt aller Geschäftskreise kennen zu lernen, wurde beschlossen, dem Ausschuß, außer Banksachverständigen in Dokumentenakkreditivfragen, auch eine gewisse Anzahl von Industriellen und Kaufleuten beizugeben, die besonders an den auf Dokumentenakkreditiven begründeten Geschäften interessiert sind.

Das Ergebnis dieser Nachfragen hat ein bedeutendes Anwachsen der durch die Landesgruppen übermittelten Kommentare seitens der Bank- und Handelskreise zur Folge gehabt. Die Prüfung des Vorentwurfs, sowie die zahlreichen von dem Ausschuß nach dem Stockholmer Kongreß angestellten Nachfragen gestatteten demselben, einheitliche Richtlinien auszuarbeiten, die ihm berufen schienen, die internationalen Transaktionen zu erleichtern und zu fördern. Bei der Ausarbeitung dieses Richtlinienentwurfes war der Ausschuß bemüht, alle Anträge, die nicht einen rein internationalen und allgemeinen Charakter trugen, auszuschalten.

Nach dem langen, genauen und vertieften Studium seitens des *Ausschusses für Scheck- und Wechselrecht und Dokumentarakkreditive* sowie nach dem Gedankenaustausch zwischen dem letzteren und den Landesgruppen, in engem Zusammenhang mit den nationalen Bankenverbänden, wurden einheitliche Regeln aufgestellt, die dem Amsterdamer Kongreß (Juli 1929) vorgelegt wurden. Dieser billigte die *„Einheitlichen Regeln für Dokumentarakkreditive"*, die in die Bankpraxis Frankreichs und Belgiens eingeführt wurden. Aber die Bankenverbände anderer Länder, die, obgleich sie die Regeln nicht offiziell annahmen, sich dennoch oft darauf bezogen, haben erkennen lassen, daß auch sie bereit wären, die Regeln anzuwenden, falls gewisse Änderungen daran vorgenommen würden. Außerdem haben mehrere Länder das Generalsekretariat informiert, daß sie den Regeln beipflichten würden unter der Bedingung, daß sie von den hauptsächlichen Ländern, welche diese Art von Geschäften machen, angewendet werden.

Diese verschiedenen Tatsachen, sowie ein von der Deutschen Landesgruppe im Namen des Centralverbandes des Deutschen Bank- und Bankiergewerbes eingebrachter Antrag auf nochmalige Prüfung der einheitlichen Regeln bestimmten den Verwaltungsrat der Internationalen Handelskammer in seiner Sitzung vom 4. Dezember 1930, diese Frage in die Tagesordnung des Washingtoner

Kongresses (Mai 1931) aufzunehmen, damit daselbst eine endgültige Entscheidung getroffen werde. Auf diesem Kongresse fand ein Gedankenaustausch zwischen den Vertretungen der Bankenverbände der verschiedenen Länder statt. Jedoch, angesichts der großen Anzahl von neuen Vorschlägen und Abänderungsanträgen, die dem Kongresse vorgelegt wurden, beschloß dieser, einen *Bankenausschuß für Dokumentenakkreditive* zu schaffen, der mit der Revision der einheitlichen Regeln beauftragt wurde. Die Aufgabe dieses Bankenausschusses wurde in einem Beschlusse festgelegt, welcher bestimmte, daß der Ausschuß sich befleißigen sollte, nacheinander alle formulierten Vorbehalte zu beseitigen, und zwar entweder durch Übereinkommen mit den fraglichen Landesgruppen, oder durch Verhandlung im Ausschuß selbst.

Der Präsident und der Generalsekretär der Internationalen Handelskammer haben sich bei der Zusammenstellung dieses neuen Ausschusses die Mitarbeit sachverständiger Persönlichkeiten gesichert, welche ausschließlich den Bankkreisen angehören, da ja dieselben an einer Vereinheitlichung der Bankgebräuche in erster Linie interessiert sind. Der Arbeitsplan des Ausschusses enthielt die Revision der Regeln unter Berücksichtigung der vorgeschlagenen Abänderungen, sowie die Vorbereitung eines neuen Projekts, welches die allgemeine Billigung der Bankenverbände sämtlicher Länder erhielt.

Da indessen die Handels- und Industriekreise, als Gebraucher von Dokumentenakkreditiven, an der Frage ebenfalls interessiert waren, hat der Generalsekretär, mit Zustimmung des Präsidenten, wiederholt bei den Landesgruppen und den Mitgliedern des Bankenausschusses sofort nach Bildung dieses Ausschusses die Zweckmäßigkeit betont, die Ansicht dieser Kreise in Erfahrung zu bringen und auf dieselbe soviel wie möglich Rücksicht zu nehmen.

Auf Grund der Bemerkungen und Anträge, die neuerdings eingebracht wurden, wurden Ergebnisse erzielt, die dem Ausschusse erlaubten, dank einer erneuten und tiefgehenden Prüfung der Frage (siehe Protokoll der Sitzung vom 11. Februar 1933, Dokument Nr. 5133), ein neues Projekt auszuarbeiten, welches den obenangeführten Grundsätzen entsprach. Dieses Projekt erhielt die Benennung *„Einheitliche Richtlinien und Gebräuche für Dokumentenakkreditive“*, und wurde zur Billigung dem Wiener Kongresse vorgelegt und von diesem angenommen (siehe Beschluß, S. 35).

Gegenstand der einheitlichen Richtlinien.

Wie in der obigen geschichtlichen Darstellung erwähnt wurde, erforderte die Mannigfaltigkeit der nationalen Richtlinien für

Dokumentenakkreditive eine Standardisation der Gebräuche auf diesem Gebiete. Die Verschiedenheit der nationalen Bestimmungen, da wo sie bestehen, sowie die oft voneinander abweichenden Richtlinien dieser Bestimmungen waren in der Tat eine Quelle zahlreicher Mißverständnisse und Streitigkeiten, die manchmal die Anrufung der Gerichte notwendig machten. Ein Komplex einheitlicher, international befolgter Richtlinien hätte all diese Schwierigkeiten, die von sehr verschiedenen und oftmals gegensätzlichen Bestimmungen hervorgerufen wurden, beseitigt dadurch, daß die Verantwortung jedes an dem Geschäft interessierten Teilnehmers klargestellt wird. Dank der Vereinheitlichung der Bankmethoden für Dokumentenakkreditive entsteht eine viel größere Sicherheit, sowohl für die Bank bei der Ausführung der Weisungen und Geldbeschaffungsaufträge, als auch für den Auftraggeber, insbesondere wenn die gegebenen Vorschriften unzureichend oder unklar sind.

Der Ausschuß hat sich bei der Ausarbeitung des endgültigen Projektes der *Einheitlichen Richtlinien und Gebräuche für Dokumentenakkreditive* vom Prinzip leiten lassen, daß diese Richtlinien eine gerechte, in allen Ländern anwendbare Basis für die Abwicklung der Dokumentenakkreditivgeschäfte bilden sollen. Die von den Landesgruppen und den Bankenverbänden aufgeworfenen Fragen wurden im Geiste harmonischster Zusammenarbeit untersucht, um diese Kreditform zu entwickeln und den internationalen Handel zu fördern. Der Ausschuß hat sich ebenfalls bemüht, auf die von den Handelskreisen, von den See-, Eisenbahn- und Flußspediteuren, sowie auf die von den Versicherern praktizierten Gebräuche Rücksicht zu nehmen. Es ist möglich, daß gewisse Länder oder gewisse Wirtschaftszweige darin nicht all ihre Wünsche verwirklicht sehen werden, aber wäre dies nicht der Fall, so bliebe es zweifelhaft, ob die Richtlinien allgemeine Anwendung finden würden, und somit würden sie ihren eigentlichen Zweck nicht erfüllen.

Die Eröffnung von Dokumentenakkreditiven ist im allgemeinen das Ergebnis mannigfaltigen Briefwechsels, oder das Ergebnis von Verträgen zwischen Käufern und Verkäufern, wobei nur die grundlegenden Bedingungen für die Banken erforderlich sind, um die Rolle, die ihnen der Käufer anvertrauen will, zu erfüllen. Dem letzteren bleibt vollkommen anheimgestellt, dieses oder jenes Dokument in der Form zu verlangen, die lokale Erfordernisse oder die gesetzliche Bestimmungen ihm auferlegen; es bleibt jedoch dem Bankier vorbehalten zu schätzen, ob die Forderungen der Auftraggeber nicht eine Verantwortung nach sich ziehen, die über die vorhergesehene hinausgeht, und ob sie mit den Prinzipien der Bankiers vereinbar sind. Somit haben die Richtlinien nur einen *Ergänzungscharakter* und sollen nur anwendbar sein, sofern keine anderen Vereinbarungen oder Bestimmungen ausdrücklich im voraus getroffen worden sind. Die Richtlinien sollen als Wegweiser für die Abwicklung der Geschäfte dienen, wenn in den Aufträgen für die Eröffnung von Dokumentenakkreditiven oder in den Handelskreditbriefen die Wünsche des Auftraggebers nicht klar und vollständig angegeben sind.

Der Ausschuß ist der Ansicht, daß die Richtlinien eine solide Basis bilden, welche sowohl den Banken, als auch den Personen, die Dokumentenakkreditive benützen, Genugtuung geben kann, und schlägt deshalb vor, daß die Bankverbände der einzelnen Länder sie annehmen und ihre eigenen Richtlinien, deren Satzbildungen voneinander abweichen und die mehrfache Verschiedenheiten aufweisen, aufgeben. Sicher ist, daß so die in der vorliegenden Broschüre festgelegten einheitlichen Richtlinien und Gebräuche rasch in die Bank- und Handelspraxis eintreten werden und daß sie ihre Bestätigung durch eventuelle Beschlüsse finden, und somit als Präzedenzfälle dienen könnten. Eine allgemeine Annahme dieser Richtlinien wäre sicher das beste Mittel, durch die Erfahrung die Nützlichkeit und Zweckmäßigkeit derselben zu beweisen; sie können einer späteren Revision unterzogen werden, falls dies eventuell nötig sein sollte.

Erklärungen.

Die folgenden Richtlinien und Gebräuche sind in sechs Abschnitte unterteilt. Diese betreffen:

1) die allgemeinen Bemerkungen;
2) die Definition der Form der Akkreditive;
3) die Haftung der Banken;
4) die Beschreibung der in Ermangelung besonderer Vorschriften als annehmbar anzusehenden Dokumente;
5) die Auslegung der geläufigen Ausdrücke;
6) die Bedingungen, unter welchen die Akkreditivübertragung vorgenommen werden darf.

Der Ausschuß hat es als nützlich erachtet, den Richtlinien und Gebräuchen mehrere besondere Bemerkungen vorangehen zu lassen über die Bedeutung der verschiedenen Abschnitte, über die Notwendigkeit für Gebraucher und Banken, *bestimmte* und *klare* Weisungen zu erteilen und ausschließlich Ausdrücke zu verwenden, die nicht zu Verwechslungen Anlaß geben können. Diese Empfehlungen haben den Zweck, Mißverständnisse zwischen den Kontrahenten bei Dokumentenakkreditivgeschäften zu vermeiden. Je mehr diese sich davon leiten lassen werden, desto weniger werden sie Irrtümern und unvorhergesehenen Schwierigkeiten ausgesetzt sein.

ABSCHNITT A enthält eine Definition der Arten und Formen der Akkreditive, die, je nach den für die vermittelnden Banken in Betracht kommenden Verpflichtungen, in zwei Kategorien eingeteilt sind, d. h. 1.) widerrufliche Akkreditive und 2.) unwiderrufliche Akkreditive.

Das *widerrufliche Akkreditiv* hat zu zahlreichen Auslegungen Anlaß gegeben, insbesondere seitens der Exportverbände, die diese Kreditform benützen und die Definition für die Vorbereitung der Sendungen und die Speseneinsetzung nicht hinreichend fanden. In Wirklichkeit bietet diese Art von Akkreditiven keine Garantie für die Begünstigten, und der Ausdruck *„Akkreditiv"*, welcher bei dieser Gelegenheit den Begriff des Vertrauens einschließen müßte, ist bloß eine traditionelle Formel. Es muß hierbei bemerkt werden, daß in den Vereinigten Staaten von Amerika der Ausdruck *„widerrufliches Akkreditiv"* aus dem Bankgebrauch ausgeschaltet worden und vom Ausdruck *„zur Honorierung oder Verhandlung ermächtigt"* ersetzt worden ist. Das widerrufliche Akkreditiv begründet, je nach seinen verschiedenen Formen, eine Ermächtigung oder ein Mandat, den Begünstigten unter einer bestimmten Form zu bezahlen; diese Ermächtigung oder dieses Mandat kann jedoch jederzeit vom Auftraggeber oder vom Ermächtigten widerrufen werden. Der Mangel jedweder Verpflichtung, den Begünstigten von den Abänderungen oder von dem Widerruf zu benachrichtigen, ergibt sich schon aus der Tatsache, daß der Ermächtigte die Pflicht hat, die Vorschriften sofort nach Erhalt auszuführen, ohne daß ihm die kürzeste Frist erteilt werden kann, die es ihm möglich macht, den Begünstigten zu avisieren. Viele Banken und Korrespondenten avisieren jedoch die Begünstigten von den Abänderungen oder dem Widerruf der widerruflichen Akkreditive trotz jedweden Verpflichtungsmangels. Diese Formalität ist jedoch ein Akt reinen Zuvorkommens. Die Hinfälligkeit des widerruflichen Akkreditivs ist seit jeher erkannt worden, und die Basis seines Bestehens ist auf ein vollkommenes gegenseitiges Vertrauen von Käufer und Verkäufer begründet. Besitzt der Verkäufer nicht dieses Vertrauen, so bleibt ihm die Möglichkeit, ein sichereres Zahlungsmittel zu fordern.

Was den Ausdruck *„Korrespondent"* anbetrifft, der in dem Artikel 4 sowie in anderen Artikeln der Richtlinien angewandt wird, so ist der Ausschuß der Ansicht gewesen, daß er im weitesten Sinne ausgelegt werden und alle Firmen erfassen soll, deren sich die die Akkreditive eröffnenden Banken für die Abwicklung der Dokumentenakkreditivgeschäfte bedienen.

Das *unwiderrufliche Akkreditiv,* wie auch der unwiderrufliche Handelskreditbrief, müssen eine feste Verpflichtung gegenüber dem Begünstigten seitens der das Akkreditiv eröffnenden Banken begründen. Sind die Akkreditive mittels Tratten benutzbar, so müssen sie eine Klausel enthalten, kraft derer die Tratten den gutgläubigen Inhabern honoriert werden. Es kommt vor, daß der Begünstigte eines unwiderruflichen Akkreditivs sich, außer der rechtlichen Verpflichtung des das Akkreditiv eröffnenden Bankiers, eine *zusätzliche* Verpflichtung seitens einer lokalen Bank, oder derjenigen Bank, die das Akkreditiv avisiert hat, zusichern will. In diesem Falle muß der Begünstigte von seinem Käufer die *Bestätigung* des unwiderruflichen Akkreditivs verlangen, und der die Eröffnung des unwiderruflichen Akkreditivs avisierende Bankier ist dann berufen, seine persönliche Haftung hinzuzufügen und die Bestimmungen des Akkreditivs unter eigener Verantwortung zu bestätigen, was alsdann das Akkreditiv unter doppelter rechtlicher Bankverpflichtung *unwiderruflich bestätigt.*

Man hat die Frage erörtert, wie sich der Begünstigte eines unwiderruflichen, per Kabel eröffneten und von einem Korrespondenten ohne dessen persönliche Verpflichtung avisierten Akkreditivs die Versicherung verschaffen kann, daß ein solches Akkreditiv tatsächlich eröffnet worden ist, wenn die das Akkreditiv eröffnende Bank dem Begünstigten keine direkte Bestätigung schickt. Nun ist es unwiderleglich, daß derjenige, der die Eröffnung eines unwiderruflichen Akkreditivs oder eines Handelskreditbriefes für Rechnung einer anderen Bank avisiert, für die Herkunft und Echtheit der von ihm übermittelten Anzeige verantwortlich ist, es sei denn, daß in der telegraphischen Übermittelung der Aufträge ein Irrtum unterlaufen ist. In der Regel werden diese Akkreditive durch die Korrespondenten, denen gegenüber die die Akkreditive eröffnenden Banken Telegrammschlüssel gebrauchen, übermittelt, so daß die Begünstigten volles Vertrauen in die Anzeige des Korrespondenten haben können. Übrigens nehmen die Banken auf dieser Basis oft die Negoziierung von Tratten vor, die kraft eines Handelskreditbriefes ausgestellt sind, solange die Handelskreditbriefe selbst noch nicht in Umlauf gesetzt worden oder beim Begünstigten noch nicht angelangt sind.

ABSCHNITT B der Richtlinien behandelt, wie schon oben erwähnt wurde, die Haftungen im allgemeinen. Bei erster Lektüre würde ein Nichteingeweihter den Eindruck erhalten, als ob die

Banken jedwede Verantwortung abwiesen, aber das ist *unrichtig*. Die Dokumentenakkreditivgeschäfte sind unzähligen Nebentransaktionen unterstellt, welche ganz außerhalb der Bankkontrolle stehen: es sind dies z. B. die Instandsetzung der Waren, die Verpackung, die Ausstellung der Dokumente (Fakturen, Versicherungspolicen) oder der Beförderungsdokumente (Konnossemente usw.). Diese Dokumente sind von der Banktechnik unabhängig und enthalten zahlreiche Klauseln und Bedingungen, welche *ausschließlich* Sache der Versender und Versicherer sind. Die Wahl der Speditеurfirmen und Versicherungsanstalten wird gewöhnlich vom Verkäufer getroffen, wobei der Käufer ihm sein vollkommenes Vertrauen schenkt. Die Banken sind außerdem auf alle möglichen Beförderungsmittel angewiesen (Post, Kabel usw.), deren Tätigkeit sich ihrer Kontrolle entzieht. Es bleibt somit außer Frage, daß die Banken keinerlei Verantwortung auf diesem Gebiet übernehmen könnten.

Geschäftsleute oder Fabrikanten, die Dokumentenakkreditive in Anspruch nehmen, haben kein Interesse daran, den Banken die Haftung für Risiken zu übertragen, die mit der Rolle der Banken nicht vereinbar sind, da diese ihre Spesen im Verhältnis zu der übernommenen Haftung berechnen. Wenn einer Bank die Annahme eines Auftrages, der mit übermäßigen Risiken verbunden ist, zugemutet wird, setzen sich die Interessenten entweder einer glatten Ablehnung seitens der Banken aus, oder sie laufen Gefahr, die Transaktionen durch Spesen oder Kommissionen dermaßen zu belasten, daß sie für den Handel und die Industrie uninteressant werden. Die Akkreditivgebraucher müssen daher notgedrungen in ihrem eigenen Interesse gewisse, auf kommerziellem Gebiet liegende Risiken selbst tragen.

In dem ABSCHNITT C der Richtlinien sind die verschiedenen Dokumentarten, zu deren Aufnahme die Banken sich als berechtigt ansehen, und deren Weisungen ungenau zu sein scheinen, mit ihren Eigenschaften bezeichnet. Es kommt häufiger vor, daß die Banken eine Zahlung entweder gegen *„Verschiffungs- oder Versanddokumente“* oder gegen ungenau und allgemein bezeichnete Dokumente vorzunehmen haben, so daß die Banken im Interesse ihrer Kunden die Art der zu fordernden Dokumente anzugeben haben. Wenn der Käufer es auf diese Weise unterläßt, genaue Aufträge zu geben, so kann daraus geschlossen werden, daß er sich voll und ganz für die Ausstellung der Dokumente und die Wahl des Beförderers und Versicherers auf den Verkäufer verläßt und diesen bzw. den Begünstigten als Beauftragten bzw. Agenten zur Durchführung der für die Warenversendung erforderlichen Formalitäten einsetzt. Die Bank, die zu honorieren hat, ist jedoch im allgemeinen weder über die bestehenden Beziehungen zwischen Käufer und Verkäufer, noch über die Beziehungen zwischen dem Käufer und der Bank unterrichtet, die beauftragt ist, die Zahlung an einem anderen Platz gegen Vorlage der Dokumente zu veranlassen, oder welcher die Akkreditiveröffnung übertragen wurde. Um die Interessen ihrer Auftraggeber soweit wie möglich zu wahren, werden die Banken die Vorlage von Dokumenten verlangen, die den üblichen Gebräuchen am betreffenden Platze entsprechen. Zwecks Vereinheitlichung dieser Gebräuche hat der Ausschuß die gewöhnlich für See-, Eisenbahn-, Binnenschiffahrt- und Posttransporte zur Anwendung kommenden Dokumente geprüft und unter denjenigen Dokumenten, die den Gebräuchen entsprechen und dazu angetan sind, den Güteraustausch des Handels und der Industrie zu erleichtern, eine gewisse Zahl ausgewählt. Für alle Dokumentenakkreditivgeschäfte, die einen Seetransport beanspruchen, wurden folgende *negoziierbare* und *übertragbare*, einen Eigentumstitel darstellende Dokumente gewählt: Die Konnossemente lautend auf *„Empfangen zur Verschiffung“*, die *„Port-“* oder *„Custody Bills of Lading“*, für Baumwollverladungen aus den Vereinigten Staaten von Amerika, die Konnossemente, die eine *Umladung* während der Reise vorsehen, sowie die Konnossemente, genannt *„Through Bills of Lading“* ausgestellt von den Agenten der Schiffahrtsgesellschaften in einem Seehafen oder sogar im Innern, wenn im letztgenannten Falle der Versand von einem Seehafen aus nicht zu einem festgesetzten Termin vorgesehen ist, und wenn der Versandort innerhalb des Festlandes gelegen ist[1]).

Aus den Richtlinien geht hervor, daß es dem Käufer, wenn er erwartet, daß die den Gegenstand des Kaufvertrages bildende Ware *tatsächlich* zu einer festgesetzten Zeit an Bord eines Schiffes ist,

[1]) Eisenbahndurchkonnossemente (Railroad Through Bills of Lading) sind in dieser Drucksache nicht erwähnt, da sie nur in wenigen Ländern in Gebrauch sind, wie z. B. in Großbritannien, wo die Eisenbahn-Gesellschaften eigene Schiffahrtslinien nach dem Kontinent unterhalten, und in den Ver. St. von Amerika, wo das „Eisenbahndurchkonnossement“ oder, genauer gesagt, das „Einheitliche Ausfuhrdurchkonnossement“ (Uniform Through Export Bill of Lading) üblich ist.

Das „Einheitliche Ausfuhrdurchkonnossement“ in den Ver. St. von Amerika ist die von der „Interstate Commerce Commission“ der Regierung genehmigte Form. Dieses Konnossement wird von den Verladern in allen Teilen der Ver. St. von Amerika häufig benutzt, und die Banken dieses Landes diskontieren bereitwilligst Tratten, die von solchen Konnossementen begleitet sind, soweit keine Kreditbriefe in Frage kommen. Gestützt auf die mit diesem Konnossement gemachten Erfahrungen setzen sich eine Anzahl von Banken im Zentrum sowie im Westen der Ver. St. von Ame-

zufällt, bei der Krediteröffnung zu bestimmen, daß das erforderliche Konnossement den Vermerk *„Waren empfangen an Bord"*[2]) enthalten muß. Anderenfalls betrachten sich die Banken zur Aufnahme der Verschiffungsdokumente lautend *„Empfangen zur Verschiffung"* oder *„Empfangen am Kai"* berechtigt, wenn der Versand von einem Seehafen aus stattfinden soll, oder selbst zur Aufnahme von Konnossementen lautend *„Through Bills of Lading"*, wenn der Versand von einem Platz innerhalb des Festlandes aus vorgenommen wird.

Gelegentlich eines Meinungsaustausches über den Artikel 23, der sich auf die Konnossemente lautend *„Empfangen an Bord"* bezieht, hat sich der Ausschuß dahingehend geäußert, daß, wenn Konnossemente vorgeschrieben sind, die beurkunden, daß die Ware tatsächlich an Bord geladen ist, und ein direkter Transport per Dampfer nicht gefordert wird, oder wenn die Beibringung von Konnossementen, die die ganze Reise umfassen, aus technischen Gründen nicht möglich ist, die Banken solche Konnossemente honorieren können, aus denen hervorgeht, daß die Ware sich entweder an Bord des für die erste angegebene Reise vorgesehenen Schiffes, oder an Bord des Schiffes befindet, das den ersten Teil der Reise ausführt, falls das die letzte Strecke fahrende Schiff nicht angegeben ist.

Die Frage der gesetzlichen Wirkung dieser Dokumente, die sämtlich den Wortlaut *„Empfangen zur Verschiffung"* tragen, ist aufgeworfen worden, da verschiedene Länder lediglich solche Konnossemente als gesetzlich gültig anerkennen, die im Wortlaut beurkunden, daß die Ware sich *tatsächlich* an Bord des angegebenen Schiffes befindet, und diese Konnossemente zu Mißbrauch führen könnten.

---

rika für seine vermehrte Verwendung in Verbindung mit Kreditbriefen ein und empfehlen, daß die Importeure bei jeder möglichen Gelegenheit angeben, daß diese Art von Konnossementen bei der Ausstellung von Kreditbriefen akzeptiert wird.

Diese Banken erwarten, daß die andauernden befriedigenden Erfahrungen, die sie mit Einheitlichen Ausfuhrdurchkonnossementen gemacht haben, zu einer Änderung in dem gegenwärtigen einheitlichen Handelsgebrauch der Banken von den Ver. St. von Amerika führen sollten — nämlich der Regel, daß dieses Konnossement in Verbindung mit Kreditbriefen mangels ausdrücklicher Weisung nicht aufgenommen wird, mit Ausnahme der Exporte nach dem Fernen Osten über Häfen des Pazifischen Ozeans — und die Entgegennahme dieses Konnossements gestatten sollten, es sei denn, daß die bei der Eröffnung des Kredits erteilten Weisungen das Gegenteil vorschreiben.

[2]) Es wird bemerkt, daß Bordkonnossemente mangels entsprechender ausdrücklicher Weisung nicht verlangt werden, selbst dann nicht, wenn im Auftrag zur Eröffnung des Akkreditivs der Dampfername erwähnt ist.

Der Ausschuß hat die Ansicht vertreten, daß jeder auftraggebende Käufer berechtigt ist, die Ausstellung der Versanddokumente in einer Form zu verlangen, die den gesetzlichen Erfordernissen und lokalen Gebräuchen genügt; ferner war der Ausschuß der Ansicht, daß die Bezeichnungen des ABSCHNITTS C der Richtlinien nur in den Fällen anwendbar sind, in denen genaue und vollständige Weisungen nicht gegeben wurden; der in den letzten Jahrzehnten bei den Schiffahrtsgesellschaften allgemein gewordene Brauch, die Konnossemente mit dem Wortlaut *„Empfangen zur Verschiffung"* auszustellen, ist eine Folge der durch die Rationalisierung des Seetransportbetriebes entstandenen Notwendigkeit und der Eile, mit der die Transaktionen dadurch abgewickelt werden müssen. Es ist auch geltend gemacht worden, daß die Berechtigung zur Annahme der mit dem Wortlaut *„Empfangen zur Verschiffung"* ausgestellten Konnossemente, den Importeur viel früher in den Besitz der Dokumente bringt, als wenn auf den Konnossementen mit dem Wortlaut *„Empfangen an Bord"* bestanden würde, so daß der Käufer auf diese Weise einerseits eine mit Kosten verbundene Garantiestellung bei Fehlen von Konnossementen, und andererseits Lagerungs- und Überwachungsspesen, Strafkosten für nicht rechtzeitige Vorlage der Dokumente und in gewissen Ländern sogar Zollspesenerhöhungen vermeidet.

Bezüglich des erwähnten Mißbrauchs muß es dem Käufer überlassen bleiben, die Risiken in Betracht zu ziehen, die die Erteilung einer verschieden auslegbaren Weisung mit sich bringen kann. Wenn das Versendungsland von den Seeschiffahrtslinien nicht oft angefahren wird, so daß der Käufer nicht gegen jede Verzögerung in der Verschiffung gesichert ist, wird er die Risiken erwägen müssen, die für ihn entstehen können und evtl. auf Ausstellung von Konnossementen bestehen müssen, in denen das Vorhandensein der Waren an Bord des im Konnossement bezeichneten Schiffes beurkundet wird. Dagegen hat der Ausschuß die Konnossemente ausgeschaltet, die den *Segelschifftransport* vorsehen, da heute von diesem Transportmittel kaum mehr Gebrauch gemacht wird und es einen Sonderfall darstellt, der einer besonderen Genehmigung bedarf.

Ferner ist beschlossen worden, die *von Spediteuren ausgestellten* Konnossemente zu beseitigen, die den für den Versand und die Anlieferung der Waren am gegebenen Empfangsort haftbaren Verfrachter nicht direkt verpflichten[3]). Hin-

---

[3]) Gelegentlich eines Meinungsaustausches über Konnossemente, die einer „Charter Party" unterliegen, hat sich der Ausschuß dahingehend

sichtlich der Eisenbahn- und Posttransporte, sowie der anderen Transporte, für welche keine durch Indossamente übertragbaren Konnossemente, sondern auf den Namen lautende Dokumente vorgesehen sind, gegen deren Vorlage die Verfrachter Empfangsbescheinigungen oder Dokumentduplikate (Eisenbahnfrachtbriefe) ausstellen, erscheint die Bestimmung angebracht, daß diese Dokumente bei mangelnden Weisungen bezüglich des Empfängers, der darauf vermerkt sein muß, den Namen und die Adresse der Person als Empfänger tragen müssen, für deren Rechnung die Akkreditiveröffnung erfolgte, oder die Angabe der Bank enthalten müssen, die die Honorierung oder die Akkreditiveröffnung veranlaßt hat. Wenn in einer Akkreditiveröffnung ein Empfangsort angegeben wird, der ein Transportmittel bedingt, für welches ein auf Namen ausgestelltes Dokument erforderlich ist, und der direkte Versand wegen der Zoll- und politischen Grenzen nicht in Frage kommen kann, entsteht die Notwendigkeit, als Empfänger den Namen eines Mittelsmannes an der Grenze anzugeben, da andernfalls das Akkreditiv für den Begünstigten unbenutzbar würde.

Dem Ausschuß ist die Frage der Lösung vorgelegt worden, welche Dokumente erforderlich sind, wenn Eisenbahnempfangsbescheinigungen oder Eisenbahnduplikatfrachtbriefe vom Auftraggeber verlangt werden, während der Begünstigte die Versendung durch Vermittlung eines Spediteurs als *Sammelwaggonladung* vornehmen ließ und daher nicht in der Lage war, die in der Akkreditiveröffnung geforderten Dokumente vorzulegen. Der Ausschuß hat bestimmt, daß in einem derartigen Falle der Begünstigte von den Bedingungen des Akkreditives abweicht und dieses daher unbenutzbar wird, da die Akkreditivbedingungen in einem solchen Falle lediglich eine Quittung des Spediteurs und keine Eisenbahnempfangsbescheinigung als erforderliches Dokument vorschreiben dürften.

Bei Betrachtung des Charakters der Dokumente ist die Frage entstanden, welches Datum als Verschiffungs- oder Versendungsdatum der Ware seitens der Bank angesehen werden soll, wenn Konnossemente mit dem Wortlaut *„Empfangen zur Verschiffung"* oder Eisenbahnempfangsbescheinigungen gefordert werden, da laut den Verordnungen der Eisenbahnen diese nicht verpflichtet sind, die Waren am Tage ihrer Entgegennahme vom Versandbahnhof abzusenden. Der Ausschuß hat einstimmig die Ansicht vertreten, daß

---

geäußert, daß Konnossemente, in denen beurkundet wird, daß sie den Bedingungen einer „Charter Party" unterliegen, nicht aufzunehmen sind, sofern das Gegenteil nicht ausdrücklich im Akkreditiv vorgeschrieben ist.

das auf den betreffenden Versanddokumenten eingetragene Datum die erfolgte Versendung oder Verschiffung der angeführten Waren beurkundet und als Nachweis dafür betrachtet werden muß. Diese Schlußfolgerung geht auch aus den seitens der verschiedenen Bankenverbände im Lauf der letzten zehn Jahre veröffentlichten Verordnungen hervor, da die Banken keine andere Möglichkeit besitzen zu prüfen, ob die Waren nach Aushändigung der Dokumente durch den Verfrachter auch tatsächlich zum Versand gebracht worden sind. Wenn der auftraggebende Käufer andere Beweise für die Verladung oder den Abgang der Ware haben will, steht es ihm frei, in der Akkreditiveröffnung die Aufzählung der ihm notwendig erscheinenden Dokumente und evtl. der Bord-Konnossemente oder der Bescheinigungen zu verlangen, die der Begünstigte zu liefern haben wird.

Artikel 18 der Richtlinien bestimmt, daß die Banken alle Versanddokumente, die Mängelvermerke tragen, zurückweisen können. Diese Vorschrift bedingt, daß die Transportdokumente keinerlei Vorbehalte bezüglich des Zustandes der Ware enthalten dürfen: die Bezeichnung „*Ware*" bezieht sich sowohl auf den Inhalt als auf die Verpackung. Diese Vorschrift bezieht sich jedoch nicht auf die Vorbehalte der Verfrachter, die gewöhnlich durch einen Stempelaufdruck ihre Haftung für die Risiken, denen die Ware ihrer Natur nach ausgesetzt ist, d. h. Verrostung, Aussickern des Faßöls, Bruch usw., ablehnen; diese Vorbehalte fallen unter den Artikel 11 der Richtlinien, der besagt, daß die Banken für die allgemeinen und *besonderen* Bedingungen, die in den Konnossementen festgelegt sind, keine Haftung übernehmen.

Das in Artikel 24 erwähnte Recht der Bank, die Transportdokumente evtl. *indossieren* zu lassen, ist vorgesehen für den Fall, daß die vorgelegten Dokumente den Namen des Begünstigten nicht enthalten, und um nachträglichen Beanstandungen im Falle einer Unregelmäßigkeit vorzubeugen.

Die Frage der Versicherungsdokumente ist ebenfalls sehr eingehend geprüft worden, und der Ausschuß hat, nach Betrachtung der verschiedenen Dokumente und ihrer Eigenschaften, beschlossen, daß nicht nur die Versicherungspolicen, sondern auch die *Versicherungszertifikate* angenommen werden können. Natürlich müssen die letztgenannten Urkunden sämtliche hauptsächlichen Bedingungen der Police erfüllen, d. h. sie müssen den Begünstigten oder gutgläubigen Inhabern dieselben Rechte garantieren, auf die sie Anspruch hätten, wenn sie im Besitz der Police oder selbst Partner des Versicherungsvertrages wären, auf Grund dessen das Zertifikat ausgestellt wurde, und zwar ohne daß es für sie nötig ist, sich an die Makler oder Unterzeichner der Policen zu wenden; diese Urkunden müssen gerichtlich vorlegbar sein und überhaupt dieselbe Wirkungskraft besitzen wie die Versicherungspolice. Es ist festgestellt worden, daß verschiedene Zertifikatformen bestehen, die unter anderen Benennungen den oben angeführten Definitionen entsprechen, wie z. B. das Versicherungs-*„Avenant"* oder *„Arreté d'assurance"*[4]), deren Ausstellung und Unterzeichnung von Versicherungsagenten erfolgt, die hierzu seitens der Versicherungsgesellschaft ausdrücklich bevollmächtigt sind; der Ausschuß hat es jedoch nicht für Zweckmäßig erachtet, diese Zertifikatformen in den Richtlinien besonders zu erwähnen, da die Annahme dieser Dokumente als Versicherungszertifikate von ihren Klauseln und Bedingungen abhängt und ihre Benennung nur eine nebensächliche Bedeutung hat.

Fernerhin wurde die Frage der *Währung,* in welcher die Versicherung abzuschließen ist, erörtert: d. h. ob in der Währung des Akkreditivs oder in einer anderen Währung. Die Ereignisse der letzten Jahre haben die Unbeständigkeit der Währungen bewiesen, und es erscheint zweckmäßig, diesbezüglich keine Richtlinien aufzustellen, so daß es den Banken überlassen bleibt, den Abschluß der Versicherung in der Währung des Akkreditivs zu fordern bzw. zu beurteilen, ob die Deckung in einer anderen Währung annehmbar ist.

Die Auslegung der Vorschrift *„Deckung gegen alle Gefahren"*, die sehr oft in den Akkreditiveröffnungsaufträgen angewandt wird, hat der Ausschuß mit besonderer Aufmerksamkeit geprüft. Wie es K. G. R. VAIZEY, Vertreter des Lloyd's Ausschusses in London, in einem Memorandum ausführte, das in der Drucksache Nr. 68 („Handelsübliche Vertragsformeln") veröffentlicht wurde, soll von dieser Bezeichnung abgesehen werden, wenn die Interessierten Wert darauf legen, Mißverständnisse und Mißstände zu vermeiden; empfehlenswerter ist die Formel „W. P. A."[5]) *(mit kleiner Haverei).* Diese Ratschläge sind darauf zurückzuführen, daß die durch die Vorschrift *„Deckung gegen alle Gefahren"* gedeckten Gefahren nicht einheitlich festliegen. Der Ausschuß hat es daher für richtig gehalten zu erklären, daß die Banken, falls diese

---

[4]) Es ist zu bemerken, daß von den Versicherungsmaklern ausgestellte „Deckungsnoten" (Cover notes) im allgemeinen nicht aufgenommen werden, wenn deren Entgegennahme nicht ausdrücklich vorgeschrieben ist.

[5]) „With particular average".

Vorschrift angewendet wird, nicht haftbar gemacht werden können für *gewisse besondere*, durch die Versicherung nicht gedeckte Risiken.

Was die anderen Dokumente anbetrifft, so ist es besonders wichtig, daß sie den Bezeichnungen des Akkreditivs entsprechen und ordnungsgemäß ausgestellt scheinen. Insbesondere müssen die *Fakturen* eine genaue Beschreibung der Waren enthalten, die mit den Bezeichnungen der Krediteröffnung übereinstimmen und einen Vergleich mit den anderen Dokumenten ermöglichen muß. Wenn die Ware verpackt zum Versand kommt, müssen in der Faktura Art, Zeichen und Nummern der Verpackung angegeben werden.

In dem ABSCHNITT D der Richtlinien wird die Auslegung der Bankusancen und -ausdrücke behandelt und eine Vereinheitlichung der nachstehenden Ausdrücke durchgeführt: zirka, bis zum, prompt, sofort, sobald wie möglich, erste Hälfte, zweite Hälfte, Anfang, Mitte oder Ende des Monats, usw. Der Artikel 40 bezieht sich auf das übliche Verfahren, wenn der in einer Krediteröffnung festgelegte letzte Tag der Zahlungs- oder Negoziierungsfrist auf einen Sonntag oder Feiertag fällt. Das Generalsekretariat der Internationalen Handelskammer hat auf Wunsch des Ausschusses zur Feststellung der Gebräuche in Bezug auf den Verfall Rückfragen angestellt. Aus den von ca. 60 befragten Ländern eingegangenen Antworten, die sich meistens auf die gesetzlichen Vorschriften für Handelstratten beziehen, ging hervor, daß in den meisten Fällen das letzte Gültigkeitsdatum auf den ersten folgenden Werktag verlegt wird. Es wurde andererseits darauf aufmerksam gemacht, daß keine gesetzlichen Vorschriften bestehen, die sich besonders auf die Verfalltage für Dokumentenakkreditive beziehen, und es wurde vorgeschlagen, eine diesbezügliche einheitliche Vorschrift zu erlassen. Der Ausschuß ist diesem Vorschlag nachgekommen und hat, wie in dem Artikel 40 angegeben, bestimmt, daß der *Verfalltag*, wenn er auf einen Sonn- oder Feiertag fällt, auf den ersten darauffolgenden Werktag *verlegt* wird.

Bezüglich der Verkaufsbedingungen, wie z. B.: F.O.B., Kosten & Fracht, C.I.F., usw. wurde die Einfügung solcher Definitionen nicht für nötig erachtet, da die Internationale Handelskammer in ihrer Drucksache Nr. 68 eine Erläuterung dieser Bezeichnungen gegeben hat, auf Grund ihrer Auslegung in den verschiedenen Ländern[6]).

---

[6]) Die IHK hat ferner unter dem Namen „Incoterms 1936" (Drucksache Nr. 92) eine Reihe internationaler Handelsgebräuche für die Auslegung von elf im Gebrauch befindlichen Handelsausdrücken ver-

Der ABSCHNITT E der Richtlinien bezieht sich auf die Möglichkeit und Bedingungen der Akkreditivübertragung. Je nach der Gestaltung und dem Wortlaut eines Akkreditivs bietet die Bank sich an oder verpflichtet sich, gemäß den erhaltenen Weisungen ihres Kunden eine gewisse Summe an eine angegebene Person zu zahlen oder zahlen zu lassen, nach Erledigung der vorgesehenen Formalitäten durch diese Person. Die einzige Person also, die rechtlich als Empfänger der seitens der Bank zu leistenden Zahlung in Betracht kommt, ist diese bezeichnete Person. Falls diese Person die vorgesehenen Bedingungen nicht zu erfüllen vermag, können die Banken nicht zur Honorierung an Dritte verpflichtet werden, es sei denn, daß der Auftraggeber (Käufer) interveniert und seine Einwilligung dazu gibt, denn die Übertragung bedeutet Unterschiebung einer anderen Person an Stelle der in dem Abkommen zwischen dem Auftraggeber und der als Akkreditiv eröffnenden Bank namentlich bezeichneten Partei. Es muß also daraus gefolgert werden, daß keine Kreditübertragung ohne Bewilligung des Auftraggebers durchführbar ist. Der Ausschuß hat demnach in diesem Sinne entschieden, unter Hinzufügung der Bestimmung, daß, falls ein Übertrag genehmigt wird, dieser nur *ein einziges Mal* und nicht mehrmals stattfinden kann. Diese Bestimmung scheint eine ausreichende Schutzmaßnahme darzustellen gegen Mißbrauch der Kreditübertragung.

* * *

Um eine größtmögliche Verbreitung dieser Richtlinien zu erreichen und Meinungsverschiedenheiten zwischen den Gebrauchern von Dokumentenakkreditiven und den Banken zu vermeiden, hält der Ausschuß es für ratsam, in den Anträgen zur Krediteröffnung, sowie in den Bestätigungen an die Kundschaft und in den Avisen an die Begünstigten zu erwähnen, daß der Wortlaut und die Bedingungen der seitens der Internationalen Handelskammer veröffentlichten, einheitlichen Richtlinien und Gebräuche anwendbar sind.

öffentlicht. Diese Richtlinien werden den Kaufleuten zur freiwilligen Beachtung beim Abschluß von Verträgen mit dem Auslande empfohlen, um dadurch Streitigkeiten und Mißverständnisse zu vermeiden, die sich aus der abweichenden Auslegung der betreffenden Handelsausdrücke in den verschiedenen Ländern ergeben könnten.

Es ist zu bemerken, daß in den Ver. St. von Amerika die Auslegung der Ausfuhrhandelsausdrücke als „American Foreign Trade Definitions 1941" bekannt ist. Diese wurden am 30. 7. 1945 angenommen und ersetzen seit dem 1. 6. 1946 die früheren „American Foreign Trade Definitions", die am 16. 12. 1919 angenommen worden waren.

Ferner wäre es zweckmäßig, in den Dokumentenakkreditive betreffenden Abkommen eine Klausel aufzunehmen, wonach etwa entstehende Meinungsverschiedenheiten in der Auslegung der Richtlinien auf Grund der *Vergleichs- und Schiedsgerichtsordnung* der Internationalen Handelskammer beigelegt werden müssen[7]).

Der Ausschuß ist davon überzeugt, daß die Bezeichnungen, die in den *Einheitlichen Richtlinien und Gebräuchen für Dokumentenakkreditive* angegeben sind, in ihrer gegenwärtigen Form der Notwendigkeit einer Vereinheitlichung der Bankusancen auf diesem Gebiete entsprechen.

Er empfiehlt darum:

Eine Mitteilung der Bankenverbände an das Sekretariat der Internationalen Handelskammer, durch Vermittlung der Landesgruppen, über die Annahme dieser Richtlinien;

Die Bekanntgabe dieser neuen Richtlinien seitens der Banken an ihre Kundschaft und Korrespondenten.

---

[7]) Die Einfügung der nachstehenden Klausel in Verträge mit dem Ausland ist zu empfehlen:

„Alle aus dem gegenwärtigen Vertrag sich ergebenden Streitigkeiten werden nach der Vergleichs- und Schiedsgerichtsordnung der Internationalen Handelskammer von einem oder mehreren gemäß dieser Ordnung ernannten Schiedsrichtern endgültig entschieden."

Die Beteiligten werden darauf hingewiesen, daß die Schiedsklausel einigen Gesetzen zufolge ausdrücklich von den Parteien angenommen werden oder sogar in besonderer Form abgefaßt werden muß. (Es wird gebeten, sich wegen aller Auskünfte an das Generalsekretariat der IHK zu wenden.)

III.

EINHEITLICHE RICHTLINIEN UND GEBRÄUCHE FÜR DOKUMENTENAKKREDITIVE

(Übersetzung))*

ALLGEMEINE BEMERKUNGEN.

a) Die in den folgenden Artikeln enthaltenen Bestimmungen, Auslegungen usw. sind als einheitliche Richtlinien für Dokumentenakkreditive nur anwendbar, sofern nicht andere Vereinbarungen oder Bestimmungen ausdrücklich im voraus getroffen worden sind und aus dem Wortlaut und den Bedingungen des Akkreditivs oder Handelskreditbriefs hervorgehen.

b) Alle Weisungen müssen vollständig und genau sein. Wird die Art der beizubringenden Dokumente nicht genau bezeichnet, so halten sich die Banken für berechtigt, die Richtlinien des ABSCHNITTS C anzuwenden. Die Anwendung technischer Ausdrücke soll so gewählt werden, daß die Gefahr von Mißverständnissen infolge verschiedenartiger Auslegung ausgeschlossen ist.

c) Der Begünstigte eines Akkreditivs kann sich auf das Rechtsverhältnis zwischen den Banken oder der Bank des Auftraggebers (Käufers) und diesem auf keinen Fall berufen.

A. — FORM DER AKKREDITIVE.

Artikel 1. — Dokumentenakkreditive sind unabhängig von den ihnen zugrunde liegenden Verträgen, mit denen die Banken nichts zu tun haben.

Artikel 2. — Dokumentenakkreditive sind entweder:

a) widerruflich oder

b) unwiderruflich.

Artikel 3. — Alle Akkreditive, die nicht ausdrücklich als unwiderruflich bezeichnet sind, gelten als widerruflich, selbst wenn eine Gültigkeitsdauer angegeben ist.

---

*) Originaltext Französisch.

Artikel 4. — Ein widerrufliches Akkreditiv begründet keine rechtliche Verpflichtung der Bank gegenüber dem Begünstigten. Ein Akkreditiv dieser Art kann jederzeit abgeändert oder widerrufen werden, ohne daß die Bank verpflichtet ist, den Begünstigten davon in Kenntnis zu setzen. Ist ein widerrufliches Akkreditiv an einen Korrespondenten oder an eine Filiale weitergegeben worden, so wird die Abänderung oder der Widerruf des Akkreditivs erst in dem Augenblick wirksam, in dem die Abänderung oder der Widerruf dem Korrespondenten oder der Filiale, bei der das Akkreditiv benutzbar ist, zugeht.

Artikel 5. — Ein unwiderrufliches Akkreditiv begründet eine eigene rechtliche Verpflichtung der das Akkreditiv eröffnenden Bank gegenüber dem Begünstigten. Diese Verpflichtung kann ohne Zustimmung aller Beteiligten weder abgeändert noch aufgehoben werden.

Artikel 6. — Das unwiderrufliche Akkreditiv kann dem Begünstigten durch Vermittlung einer anderen Bank angezeigt werden, ohne daß hierdurch eine Verpflichtung für die vermittelnde Bank begründet wird, wenn sie nur beauftragt ist, dem Begünstigten das Akkreditiv anzuzeigen.

Artikel 7. — Die das Akkreditiv eröffnende Bank kann eine andere Bank anweisen, ein unwiderrufliches Akkreditiv zu bestätigen. In diesem Falle entsteht eine eigene rechtliche Verpflichtung der anderen Bank gegenüber dem Begünstigten erst mit dem Zeitpunkt ihrer Bestätigung.

Artikel 8. — Ist in einem Auftrag, ein unwiderrufliches Akkreditiv zu eröffnen, anzuzeigen oder zu bestätigen, keine Gültigkeitsdauer angegeben, so wird das Akkreditiv dem Begünstigten nur als unverbindliche Mitteilung avisiert. Für den Korrespondenten oder die vermittelnde Bank entsteht hierdurch keine Verpflichtung. Das Akkreditiv wird erst unwiderruflich eröffnet oder avisiert oder bestätigt, nachdem der Korrespondent oder die vermittelnde Bank nähere Angaben über die Gültigkeitsdauer erhalten hat.

Artikel 9. — Wird ein unwiderrufliches Akkreditiv in der Form eines Handelskreditbriefs eröffnet, so gilt dieser als Nachricht von der Akkreditiveröffnung und begründet für die ihn ausstellende Bank eine eigene rechtliche Verpflichtung zur Honorierung gegenüber dem Begünstigten sowie gegenüber den gutgläubigen Inhabern von Tratten, die auf Grund und gemäß der in dem Kreditbrief enthaltenen Bestimmungen ausgestellt sind. Der Handelskreditbrief kann durch eine andere Bank übermittelt oder avisiert werden, ohne daß hierdurch eine Verpflichtung für die vermittelnde Bank begründet wird.

Ist ein Korrespondent telegraphisch beauftragt worden, die Ausstellung eines Handelskreditbriefes zu avisieren, so soll die ausstellende Bank den Originalkreditbrief an den Korrespondenten senden, falls dieses Dokument in Umlauf gesetzt werden soll. Geschieht dies nicht, so fallen der ausstellenden Bank alle sich daraus ergebenden Nachteile zur Last.

Im übrigen finden auf den Handelskreditbrief die für andere Akkreditive geltenden Vorschriften sinngemäß Anwendung.

B. — HAFTUNG.

Artikel 10. — Die Banken sollen alle Dokumente und Schriftstücke sorgfältig darauf prüfen, ob sie der Form nach richtig ausgestellt sind.

Die Honorierung von akkreditivgemäßen Dokumenten durch eine damit beauftragte Bank verpflichtet den Auftraggeber, die Dokumente aufzunehmen.

Artikel 11. — Die Banken übernehmen jedoch keinerlei Verantwortung oder Haftung für Form, Vollständigkeit, Richtigkeit, Echtheit, Verfälschungen oder rechtliche Wirksamkeit irgendeines Dokuments oder Schriftstücks, oder für Bezeichnung, Menge, Gewicht, Beschaffenheit, Zustand, Verpackung, Lieferung oder Wert der durch die Dokumente ausgewiesenen Waren, oder für die in den Dokumenten enthaltenen allgemeinen oder besonderen Bedingungen, oder für den guten Glauben oder die Handlungen des Versenders oder irgendeiner anderen Person, oder für die Zahlungsfähigkeit, den Ruf usw. der Beförderer oder der Versicherer der Waren.

Artikel 12. — Die Banken übernehmen keinerlei Haftung für die Folgen der Verspätung oder des Verlusts bei der Beförderung von Kabeln oder Telegrammen, Briefen oder Schriftstücken; oder für Verstümmelung, Irrtümer bei der Auslegung oder sonstige Irrtümer bei der Übermittlung von Kabeln und Telegrammen, oder für Fehler bei Übersetzung oder Auslegung technischer Ausdrücke; die Banken behalten sich das Recht vor, Bedingungen von Akkreditiven unübersetzt weiterzugeben.

Artikel 13. — Die Banken übernehmen keinerlei Haftung für die Folgen von Betriebsstörungen durch behördliche Anordnungen oder durch Streiks, Aussperrungen, Unruhen, Kriege oder durch höhere Gewalt. Läuft ein Akkreditiv während einer derartigen Betriebsstörung ab, so leisten die Banken nach Ablauf der Gültigkeitsdauer mangels besonderer Weisungen seitens des Auftraggebers keine Zahlungen.

Artikel 14. — Sofern sich die Banken bei der Abwicklung des Geschäfts der Mitwirkung einer anderen Bank bedienen und die Weisungen nicht genau ausgeführt werden, so haften die Banken nur für eigene Fehler gegenüber ihrem Auftraggeber, selbst dann, wenn sie selbst ihren Korrespondenten ausgewählt haben. Sie sind befugt, den Banken, deren Mitwirkung sie sich bedienen, sofort Deckung für Rechnung und Gefahr ihres Auftraggebers anzuschaffen.

Der Auftraggeber (Käufer) hat den Banken gegenüber für alle ihnen durch ausländische Gesetze oder Gebräuche auferlegten Verpflichtungen einzustehen.

C. — DOKUMENTE.

Artikel 15. — Mangels gegenteiliger Vorschriften halten sich die Banken für berechtigt, Dokumente aufzunehmen, die sie für erforderlich und geeignet halten, und zwar:

a) Im Seeverkehr:

Seekonnossement, voller Satz, negoziierbar und übertragbar[1]);
Versicherungspolice oder -zertifikat, übertragbar[2]);
Faktura.

b) Im Binnenverkehr:

Flußladeschein, voller Satz, negoziierbar und übertragbar, oder Binnenschiffahrts- oder Eisenbahnempfangsbescheinigung, oder Eisenbahnduplikatfrachtbrief;
Versicherungspolice oder -zertifikat, übertragbar[2]);
Faktura.

c) Im Postverkehr:

Posteinlieferungsschein;
Versicherungspolice oder -zertifikat, übertragbar[2]);
Faktura.

Die Banken sind berechtigt, auf Versicherungsurkunden zu verzichten, falls der Begünstigte einen ihnen genügenden Beweis dafür liefert, daß die Waren vom Auftraggeber oder Empfänger der Ware versichert sind.

Artikel 16. — Das Ausstellungsdatum des Konnossements, das Datum, das aus dem Annahmestempel auf der Eisenbahn- oder

[1]) Vgl. Anmerkung [5], [6]) und [8]) S. 28 und 29.
[2]) Vgl. Anmerkung [9]) S. 30.

Binnenschiffahrtsempfangsbescheinigung, dem Eisenbahnduplikatfrachtbrief, den Posteinlieferungsscheinen oder anderen Versanddokumenten hervorgeht, wird in jedem Fall als Datum der Verschiffung oder Verladung der Waren angesehen.

Artikel 17. — Die Banken sehen den Nachweis der Bezahlung der Fracht als geführt an, wenn die Versanddokumente den gestempelten oder handschriftlichen Vermerk „Fracht bezahlt" oder einen ähnlichen Vermerk tragen.

Artikel 18. — Versanddokumente, die Mängelvermerke tragen, können zurückgewiesen werden.

Mangels gegenteiliger Weisungen dürfen die Banken mit Nachnahme[3]) belastete Dokumente aufnehmen, soweit die Nachnahme Seefracht oder Transportkosten darstellt.

Konnossemente.

Artikel 19. — Sofern Seekonnossemente verlangt werden, dürfen die Banken annehmen:

a) Konnossemente lautend „Empfangen zur Verschiffung" oder „Empfangen am Kai"[4]);

b) Konnossemente, genannt „Port-" oder „Custody Bills of Lading" für Baumwollverladungen aus den Vereinigten Staaten von Amerika, ausgestellt gemäß der „Liverpool Cotton Bill of Lading Conference" von 1907;

c) Umladungskonnossemente, die außerhalb der gedruckten Klauseln die Umladung während der Reise vorsehen, unter der Bedingung jedoch, daß die ganze Reise unter ein und demselben Konnossement erfolgt.

Falls aus technischen Gründen der gesamte Transport unter ein und demselben Dokument nicht möglich ist, können Konnossemente, die eine Umladung unterwegs vorsehen, trotzdem angenommen werden; in diesem Fall übernehmen jedoch die Banken keinerlei Haftung;

d) Konnossemente, genannt „Through Bills of Lading", ausgestellt von den Schiffahrtsgesellschaften oder ihren Agenten[5]).

---

[3]) Englisch: „C. O. D." (cash on delivery).

[4]) In Großbritannien werden Konnossemente lautend „Empfangen zur Verschiffung" oder „Empfangen am Kai" mangels besonderer Ermächtigung von den Banken nicht angenommen.

[5]) In den Vereinigten Staaten von Amerika werden Eisenbahndurchkonnossemente (Railroad Through Bills of Lading) mangels ausdrücklicher Weisung nicht aufgenommen, ausgenommen für die Exporte nach dem Fernen Osten über die Häfen des Pazifik (vgl. erklärende Anmerkung S. 15).

Artikel 20. — Dagegen werden die von Spediteuren ausgestellten Konnossemente und Segelschiffkonnossemente zurückgewiesen[6]).

Artikel 21. — Konnossemente über Deckladungen von Waren besonderer Beschaffenheit dürfen aufgenommen werden, sofern die Versicherung dieses Risiko deckt[7]).

Artikel 22. — Sofern eine Verladung mittels Dampfschiff verlangt wird, so sind die Banken berechtigt, Konnossemente für Sendungen mit Motorschiffen anzunehmen.

Artikel 23. — Wenn Verladung „an Bord" verlangt wird und diese Art der Verschiffung durch ein Bordkonnossement beurkundet ist, so gilt das im Konnossement angegebene Datum als Beweis dafür, daß die Waren spätestens an diesem Datum in dem auf dem Konnossement angegebenen Verschiffungshafen verladen worden sind[8]).

Wird die Verladung an Bord durch einen Vermerk beurkundet, so muß dieser Vermerk, wenn die Konnossemente nach Ablauf der im Akkreditiv vorgesehenen Verschiffungsfrist zur Bezahlung oder zur Negoziierung vorgelegt werden, das Datum der Verladung an Bord in dem auf dem Konnossement angegebenen Verschiffungshafen ausweisen. Ist das Datum der Verladung an Bord nicht angegeben, so wird das Ausstellungsdatum dieses Vermerks als dasjenige der Verladung an Bord angesehen.

Artikel 24. — Die Banken sind berechtigt zu verlangen, daß der Begünstigte im Konnossement als Verlader oder als Indossant genannt wird.

---

[6]) In den Vereinigten Staaten von Amerika werden Konnossemente, die auf Grund und zu den Bedingungen einer „Charter Party" ausgestellt sind, mangels ausdrücklicher Ermächtigung in den Akkreditivbedingungen nicht aufgenommen.

[7]) In Holland haben die Banken das Recht, Konnossemente über Deckladungen von Waren besonderer Beschaffenheit aufzunehmen, falls aus den Versicherungsdokumenten hervorgeht, daß die Versicherungsgesellschaften oder ihre Agenten, „Underwriters" oder eventuell die Makler von der Deckverladung Kenntnis haben.

[8]) Mangels ausdrücklicher Weisung werden Bordkonnossemente nicht verlangt, selbst wenn in dem Akkreditiveröffnungsauftrag der Dampfername angegeben ist.

Eisenbahn- und Binnenschiffahrtsempfangsbescheinigungen, Eisenbahnduplikatfrachtbriefe, Posteinlieferungsscheine.

Artikel 25. — Die Banken betrachten diese Dokumente als ordnungsmäßig, wenn sie den Annahmestempel der Eisenbahn oder der Postbehörden oder, im Fall der Binnenschiffahrtsempfangsbescheinigung, die Unterschrift des Flußschiffers tragen. Sie müssen als Empfänger entweder den Auftraggeber (Käufer) oder die das Akkreditiv eröffnende Bank ausweisen.

Artikel 26. — Ist bei Eisenbahnversand ein Gewichtszertifikat oder eine Wiegebescheinigung vorgeschrieben, so dürfen die Banken die Angaben in den Versanddokumenten als richtig ansehen, wenn die Verwiegung durch einen Wiegestempel oder sonstwie bahnamtlich bescheinigt ist. Gewichtsbescheinigungen werden nur auf besondere Weisung verlangt.

Artikel 27. — Weisen die Versanddokumente bei der Beförderung mit der Eisenbahn, auf dem Binnenschiffahrts- oder Postweg den Namen des Begünstigten nicht aus, so kann die Bank verlangen, daß sie von ihm gegengezeichnet werden.

Versicherung.

Artikel 28. — Die Banken dürfen Versicherungspolicen oder -zertifikate annehmen, die von den Versicherungsgesellschaften oder von ihren Agenten, von „Underwriters" oder eventuell von Maklern ausgestellt sind[9]).

Artikel 29. — Der Versicherungswert muß mindestens den C.I.F.-Wert der Ware, soweit es möglich ist, diesen an Hand der vorgelegten Dokumente zu prüfen, darstellen; auf keinen Fall darf der Versicherungswert niedriger sein als der Betrag der Zahlung oder als der Rechnungsbetrag, falls dieser höher ist.

Artikel 30. — Sind die zu deckenden Risiken nicht näher bezeichnet, so können sich die Banken mit der Deckung der in den eingereichten Versicherungsdokumenten aufgeführten Transportrisiken begnügen.

---

[9]) Die von den Versicherungsmaklern ausgestellten „Deckungsnoten" (Cover notes) werden im allgemeinen mangels ausdrücklicher Weisung nicht aufgenommen. Dies gilt besonders in den Ver. St. von Amerika, wo unter „Versicherungsdokumenten" Versicherungspolice bzw. Versicherungszertifikat des „Underwriters" verstanden wird.

Mangels besonderer Weisungen ist es bei den britischen Banken nicht üblich, Versicherungszertifikate aufzunehmen, falls diese nicht die Hauptklauseln und -bedingungen der Policen enthalten und von einem gut beleumdeten „Underwriter" oder einer gut beleumdeten Versicherungsgesellschaft ausgestellt sind.

Artikel 31. — Bei der Vorschrift „Deckung gegen alle Gefahren" können die Banken nicht verantwortlich gemacht werden, wenn gewisse besondere Gefahren durch die Versicherung nicht gedeckt sind.

Fakturen.

Artikel 32. — Die Faktura muß auf den Namen des Auftraggebers (Käufers) oder auf den Namen einer von ihm bezeichneten Person ausgestellt sein.

Artikel 33. — Zur Bestimmung der Qualität der Waren dürfen die Banken die Angaben in der Faktura als maßgebend ansehen, die denen der Krediteröffnung entsprechen müssen. Sie dürfen Versand- und Versicherungsdokumente mit allgemein gehaltenen Warenbezeichnungen annehmen.

Sonstige Dokumente.

Artikel 34. — Werden ohne nähere Angaben sonstige Dokumente wie Lagerschein, Lieferschein, Konsulatsfaktura, Ursprungszeugnis, Gewichtsbescheinigung, Expertisenzertifikat, Analysenzertifikat gefordert, so dürfen die Banken ohne jeden Nachteil für sie solche Dokumente aufnehmen, wie sie ihnen vorgelegt werden.

In besonderen, durch die Banken zu bestimmenden Fällen werden diese alle sonstigen Dokumente verlangen, die ihnen notwendig erscheinen.

D. — AUSLEGUNG VON AUSDRÜCKEN.

„Zirka" oder ähnliche Ausdrücke.

Artikel 35. — Diese Ausdrücke sind dahin auszulegen, daß sie je nach der im Auftrag erteilten Vorschrift eine Abweichung von 10 % mehr oder weniger vom Akkreditivbetrag, von der Menge oder vom Einzelpreis der Ware gestatten[10]).

Wenn es sich um Waren handelt, die ihrer Art nach eine genaue Lieferung der vorgeschriebenen Menge nicht zulassen — zum Beispiel Öl in Fässern, Mineralien lose verladen, chemische Produkte lose oder in Trommeln verladen usw. —, so ist eine Abweichung von 3 % mehr oder weniger gestattet, selbst wenn die Akkreditiveröffnung ein bestimmtes Gewicht oder eine bestimmte Menge vorsieht.

---

[10]) Das schwedische Gesetz gestattet für den Ausdruck „zirka" nur eine Abweichung von 5 % mehr oder weniger.

Teillieferungen.

Artikel 36. — Die Banken können Teilzahlungen verweigern, falls es ihnen angebracht erscheint[11]).

Artikel 37. — Ist Teillieferung in bestimmten Zeitabständen vereinbart, so soll jede Lieferung unabhängig von den übrigen behandelt werden. Die nicht zu einer der vorgeschriebenen Zeiten abgesandte Teillieferung kann nicht mit den nächsten Teillieferungen verbunden werden und gilt ohne weiteres als erledigt. Die Banken dürfen jedoch die folgenden Teillieferungen bezahlen, vorausgesetzt, daß sie fristgemäß erfolgen.

Gültigkeit.

Artikel 38. — Jedes unwiderrufliche Akkreditiv muß einen letzten Gültigkeitstag tragen. Die Frist kann eine Zahlungs- oder Versendungs- oder Verschiffungsfrist sein. Enthält der Auftrag hierüber keine Vorschrift, so werden die Banken die Frist als eine Zahlungsfrist betrachten und nach ihrem Ablauf Zahlungen auch dann nicht leisten, wenn die Dokumente ein innerhalb der Zahlungsfrist liegendes Datum tragen.

Artikel 39. — Die Worte „bis zum" und ähnliche Ausdrücke bei der Zahlungs- oder der Negoziierungsfrist sind dahin auszulegen, daß der angegebene Zeitpunkt eingeschlossen wird.

Artikel 40. — Fällt der letzte Tag der Zahlungs- oder Negoziierungsfrist auf einen Sonntag, auf einen gesetzlichen oder örtlichen Feiertag oder auf einen von den Banken als Feiertag anerkannten Tag, so wird der letzte Tag der Gültigkeitsdauer auf den ersten darauf folgenden Werktag verlegt. Dies gilt nicht für den letzten Versendung- oder Verschiffungstag, der stets eingehalten werden muß, unabhängig davon, auf welchen Tag er fällt.

Artikel 41. — Ist die Gültigkeitsdauer eines widerruflichen Akkreditivs nicht bestimmt, so erlischt sie nach sechs Monaten, von dem Tag an gerechnet, an dem die Bank, bei der das Akkreditiv benutzbar ist, dem Begünstigten die Eröffnung des Akkreditivs avisiert hat; diese Bank kann nach Ablauf dieser sechs Monate mangels besonderer Weisungen ihres Auftraggebers Zahlung verweigern.

[11]) In den Vereinigten Staaten von Amerika z. B. werden Dokumente über Teilverladungen angenommen, sofern dies nicht ausdrücklich untersagt ist; selbst wenn in dem Auftrag zur Eröffnung des Akkreditivs ein Dampfername angegeben ist, werden Dokumente über eine Teilverschiffung oder Teilverschiffungen mit diesem Dampfer angenommen.

Versendung, Verschiffung oder Verladung.

Artikel 42. — „Prompt“, „sofort“, „sobald wie möglich“ und ähnliche Ausdrücke sind dahin auszulegen, daß die Versendung der Ware binnen 30 Tagen, von der Benachrichtigung an den Begünstigten an gerechnet, verlangt wird, wenn keine bestimmte Frist vorgesehen ist.

Werden in einem Akkreditiv[12]) die Worte „Abgang“, „Absendung“ oder „Verladung“ verwandt, so betrachten die Banken diese Worte, wenn in bezug auf sie kein besonderer Beweis verlangt wird, als Synonyme von „Verschiffung“ oder „Versendung“, und dürfen sich an die auf den Konnossementen oder sonstigen Versanddokumenten angegebenen Daten halten.

Andienung.

Artikel 43. — Die Dokumente sind unverzüglich vorzulegen: die Banken können Dokumente ablehnen, die ihnen zu spät, d. h. zu einem durch die normale Beförderungsdauer zwischen Versand- und Zahlungsort nicht gerechtfertigten Zeitpunkt vorgelegt worden sind.

Artikel 44. — Die Banken sind nicht verpflichtet, Dokumente außerhalb ihrer Geschäftsstunden anzunehmen.

Verlängerung.

Artikel 45. — Jede Verlängerung der Versendungsfrist hat eine gleiche Verlängerung der Zahlungs- oder Negoziierungsfrist zur Folge[13]).

Zeitbestimmungen.

Artikel 46. — Die Ausdrücke „erste Hälfte“ und „zweite Hälfte“ eines Monats sind als vom 1. bis zum 15. einschließlich und vom 16. bis zum letzten Tag des Monats einschließlich auszulegen.

---

[12]) Zur Festsetzung des letzten Datums für die Verschiffung bzw. Versendung.

[13]) Es wird bemerkt, daß eine Verlängerung der Gültigkeitsdauer für die Aufnahme bzw. Negoziierung der Tratten und Dokumente eine Verlängerung der Verschiffungs- bzw. Versendungsfrist nicht zur Folge hat.

Artikel 47. — Die Ausdrücke „Anfang", „Mitte" oder „Ende" eines Monats sind als vom 1. bis einschließlich 10., 11. bis einschließlich 20., und 21. bis zum letzten Tag des Monats einschließlich auszulegen.

Artikel 48. — Wird in einer Krediteröffnung angegeben „gültig für einen Monat", „für sechs Monate" oder dergleichen, und hat der Auftraggeber den Zeitpunkt, mit dem die Frist beginnt, nicht bestimmt, so beginnt die Frist vom Datum des Avises an den Begünstigten derjenigen Bank, die die Eröffnung des Akkreditivs anzeigt und bei der das Akkreditiv benutzbar ist.

E. — ÜBERTRAGUNG.

Artikel 49. — Ein Akkreditiv kann nur mit ausdrücklicher Ermächtigung des Auftraggebers übertragen werden. In diesem Fall ist das Akkreditiv nur einmal übertragbar, und zwar gemäß dem Wortlaut und zu den Bedingungen des ursprünglichen Akkreditivs, mit Ausnahme des Akkreditivbetrags, der ermäßigt, und der Gültigkeitsdauer, die vorverlegt werden kann.

Wenn ein dokumentäres Akkreditiv in Teilbeträgen übertragen wird, so werden sämtliche Teilübertragungen als eine einzige Übertragung angesehen.

Die Ermächtigung zur Übertragung erstreckt sich auch auf die Übertragung auf einen anderen Platz. Die durch die Übertragung entstehenden Bankkosten sind mangels gegenteiliger Weisungen von dem ursprünglichen Begünstigten zu zahlen. Während der Gültigkeitsdauer des ursprünglichen Akkreditivs darf die Zahlung an dem Platz erfolgen, auf den das Akkreditiv übertragen worden ist.

IV.

BESCHLUSS

DES

7. KONGRESSES DER INTERNATIONALEN HANDELSKAMMER

(Wien, 29. Mai bis 3. Juni 1933)

(Übersetzung))*

Die Internationale Handelskammer

nimmt mit Befriedigung von der Vereinbarung Kenntnis, die zwischen den Bankenverbänden der einzelnen Staaten über die internationale Vereinheitlichung der Richtlinien und Gebräuche für Dokumentenakkreditive abgeschlossen ist;

billigt die Änderungen im Entwurf der „Einheitlichen Richtlinien und Gebräuche für Dokumentenakkreditive“;

nimmt den Text in der oben wiedergegebenen Form an;

betont die Bedeutung, die dieses Dokument für den internationalen Verkehr gewinnen kann;

spricht den Wunsch aus, diese Richtlinien möchten in möglichst vielen Ländern befolgt und praktisch angewendet werden;

weist nachdrücklich darauf hin, wie sehr eine Verbreitung dieser Richtlinien die auf dem Dokumentenakkreditiv beruhenden Geschäfte sowie die internationalen Geschäftsbeziehungen erleichtern kann;

fordert die Landesgruppen auf, sich zu diesem Zweck an die Bankenverbände ihres Landes zu wenden;

bittet das Generalsekretariat, sich dafür einzusetzen, daß diese Richtlinien nicht nur in den Staaten, die eine Landesgruppe gebildet haben, sondern auch in allen übrigen Ländern verbreitet werden; und

hofft und wünscht, daß diese Vereinbarung eine Grundlage für spätere Übereinkommen bilden wird und dabei die Gesichtspunkte und Interessen der Kunden berücksichtigt werden.

---

*) Originaltext Französisch.

V.

HANDELSSCHIEDSGERICHTSBARKEIT
ARBITRAGE COMMERCIAL
COMMERCIAL ARBITRATION

Es empfiehlt sich, in Verträge mit dem Ausland folgende Schiedsklausel aufzunehmen:

„Alle aus dem gegenwärtigen Vertrag sich ergebenden Streitigkeiten werden nach der Vergleichs- und Schiedsgerichtsordnung der Internationalen Handelskammer von einem oder mehreren gemäß dieser Ordnung ernannten Schiedsrichtern endgültig entschieden."

L'insertion de la clause suivante est recommandée dans les contrats avec l'étranger:

„Tous différends découlant du présent contrat seront tranchés définitivement suivant le Réglement de Conciliation et d'Arbitrage de la Chambre de Commerce Internationale par un ou plusieurs arbitres nommés conformément à ce Règlement."

The insertion in foreign contracts of the following clause is strongly recommended:

„All disputes arising in connection with the present contract shall be finally settled under the Rules of Conciliation and Arbitration of the International Chamber of Commerce by one or more arbitrators appointed in accordance with the Rules."

Einige Veröffentlichungen der Internationalen Handelskammer

(in französischer und englischer, ausnahmsweise in anderen Sprachen erhältlich)

INCOTERMS

Internationale Regeln für die Auslegung der Handelsüblichen Vertragsformeln (FOB, CIF, usw.).

(Dreisprachige Drucksache: französisch, englisch, deutsch) Br. C. C. I. 92 D. E. F. 1936

Preis: Frz. Fr.: 100,—

HANDELSÜBLICHE VERTRAGSFORMELN

Eine genaue Erklärung der wichtigsten handelsüblichen Vertragsformeln (FOB, CIF, usw.) in 35 Ländern.

Br. C. C. I. 68 D. E. F. 2. Ausgabe in Vorbereitung.

GEBRÄUCHLICHE FACHAUSDRÜCKE IN HANDEL UND WERBUNG

Eine Reihenfolge von Wörterbüchern, welche die gebräuchlichen Fachausdrücke der Absatzorganisation und Werbung in je drei Sprachen ergeben.

Bisher erschienen: englisch-französisch - deutsch (Dok. 6), deutsch - italienisch - spanisch (Dok. 7), englisch-spanisch-portugiesisch (Dok. 8), englisch-französisch-schwedisch (Dok. 10).

Preis per Band: Schw. Fr.: 14,—

WIEDERAUFBAU DER WELTWIRTSCHAFT

Ein Gedankenaustausch zwischen Vertretern von Wissenschaft und Praxis.

Doc. C. C. I. 3 II F 1936.

Preis: Frz. Fr.: 300,—

INTERNATIONALE SCHIEDS-GERICHTSBARKEIT, PRAKT. RATSCHLÄGE

Erklärender Kommentar der Vergleichs- und Schiedsgerichtsordnung der Internationalen Handelskammer zur Lösung von Handelsstreitigkeiten internationaler Art.

Br. C. C. I. bu F. E. 1948.

Auf Verlangen kostenlose Zusendung.

TERMINGESCHÄFTE (WARENBÖRSEN)

Bemerkenswerte Arbeit über Zweck, Funktion und Rechtslage der Termingeschäfte.

Br. C. C. I. 81 F 1934.

Preis: Frz. Fr.: 100,—

HANDBUCH DER HANDELSSCHIEDS-GERICHTSBARKEIT

Eine Reihe von Drucksachen, die die Rechtsbestimmungen über Schiedsklausel, Schiedsvergleich, Schiedsmethoden und Schiedsspruch, Vollstreckung des Schiedsspruchs, Berufungswege enthalten, sowie die Schiedsgerichtsparagraphen der betreffenden Gesetze.

Bisher erschienen: Belgien, Deutschland, Frankreich, Großbritannien, Italien, Niederlande, Schweden, Schweiz.

Preis der Drucksache: Frz. Fr.: 30,—

THE IMPROVEMENT OF COMMERCIAL RELATIONS BETWEEN NATIONS

Sachverständigenberichte über das Problem der Besserung der Weltwirtschaftlichen Beziehungen unter verschiedenen Gesichtspunkten (nur in englischer Sprache).

Doc. C. C. I. 3 — I E 1936.

Preis: Frz. Fr.: 500,—

VERGLEICHS- UND SCHIEDSGERICHTS-ORDNUNG

Br. C. C. I. bt F 1947

Preis: Frz. Fr.: 50,—

LE CAMION AU SERVICE DE L'ECONOMIE

Betrachtung der Ergebnisse einer internationalen Umfrage über die Verwendung des Lastkraftwagens, seine wirtschaftliche Möglichkeit, und die Wechselbeziehungen zwischen den Bedürfnissen der Wirtschaft und den Lastungsmöglichkeiten dieses Verkehrsmittels (nur in französischer Sprache).

Doc. C. C. I. 9 F 1942.

Preis: Frz. Fr.: 200,—

Druck: Buchdruckerei „Buchkunst", Berlin W 35

FSC
www.fsc.org
MIX
Papier | Fördert gute Waldnutzung
FSC® C083411

Kolibri 360 GmbH
Ferdinand-Jühlke-Straße 7
99095 Erfurt, Deutschland
produktsicherheit@kolibri360.de